isto publishing

esquisses

Daphné Stotz

isto publishing

Bibliografische Information der Deutschen Nationalbibliothek
Die Deutsche Nationalbibliothek verzeichnet diese Publikation
in der Deutschen Nationalbibliografie; detaillierte
bibliografische Daten sind im Internet über http://dnb.d-nb.de
abrufbar.

Originalausgabe
August 2014

© 2014 Daphné Stotz
Umschlagfoto: Gansovsky Vlad
Herstellung und Verlag:
BoD – Books on Demand, Norderstedt
ISBN 978-3-7357-6158-3

MARCO LA FROUSSE

L'air était vif, le froid pénétrant. Nous étions tous rassemblés en silence devant la petite chapelle aux murs décrépis, qui faisait face au cimetière. Nous osions à peine nous saluer d'une petite poignée de main et d'un hochement de tête entendu, de peur qu'une effusion un peu trop spontanée ne paraisse déplacée en ces heures de deuil.

La veuve s'avança, à la suite du corbillard, à l'intérieur de l'édifice, entourée de sa famille. Nous entrâmes en silence, plongeant au passage le bout de nos doigts dans l'eau bénite qui stagnait dans une grande vasque de pierre. Après avoir accompli le signe de croix et la génuflexion rituelle, nous nous assîmes en silence sur les bancs de bois poli, côte à côte, comme à l'école.

Une étrange sensation m'étreignit la poitrine. Retrouver mes amis d'enfance était une grande joie. Les voir tous, après tant d'années, me propulsait malgré moi bien des années auparavant.

Je revoyais Marco jeune, un visage joufflu et rubicond, son expression naïve et ses petits yeux porcins qui semblaient se perdre au milieu de son visage. Je me remémorais les turbulences de nos enfances dissipées. Bien que nous ayons toujours été sévèrement punis par nos professeurs — nous vivions en internat — cela ne nous empêcha jamais de recommencer nos frasques.

Le prêtre nous invita à nous lever. Sortant de ma rêverie, je relevai la tête et fixai un instant ce coffre de bois dans lequel reposait mon ami. Je chassai du dos de la main cette tristesse soudaine, ce chagrin qui remontait de ma poitrine à mon insu. Marco le gai luron, Marco le pitre qui s'arrangeait toujours pour faire rire de lui, Marco le comique, le fêtard, Marco et ses blagues, ses grimaces, Marco la frousse...

Habituellement, à moins que les circonstances de la mort ne le permettent pas, on laissait la bière ouverte, afin que, dans un dernier hommage rendu au défunt, on puisse le saluer d'un signe de croix, en répandant de petites gouttelettes d'eau bénite sur le corps. Ce n'est qu'ensuite, avant de conduire le cercueil au cimetière, qu'on le scellait. Marco en avait décidé autrement. Il voulait que chacun conserve dans sa mémoire le souvenir du bon vivant...

Devant le catafalque, un cadre renfermait une photographie de notre ami, dont le visage, comme à son habitude, était illuminé d'un sourire éclatant. Des servants de messe en soutane blanche, dont le col et les manches, ornées de fines dentelles, étaient jaunies par les années, répandaient avec un encensoir une fumée âcre et entêtante.

Le curé gravit les marches qui menaient à sa chaire et prononça quelques mots de réconfort à l'adresse de la famille et d'amis rassemblés. Mon regard s'attarda sur le visage doux et apaisant du pasteur. Etrange de le retrouver, en plein exercice de ses fonctions sacerdotales, prononcer des paroles empruntes de sagesse, joindre pieusement les mains devant lui en baissant la tête, pour mieux inviter les fidèles à se recueillir...

Un prêtre, lui? Le meneur de la bande, le sacripant, l'agitateur, le cerveau de toutes nos inconduites, mais qui s'arrangeait toujours pour ne pas se faire prendre ? Dieu devait avoir beaucoup d'humour pour avoir choisi un tel représentant. D'un geste, il nous fit comprendre qu'on pouvait s'asseoir et prit place sur un banc, entouré de ses servants de messe, derrière l'autel.

Un jeune homme que j'identifiai immédiatement comme le fils du regretté, s'avança timidement vers le chœur, une feuille de papier à la main. Il s'empara d'un micro et explicita devant tous, les dernières volontés de Marco. Sa voix était ferme, mais la main tenant le papier tremblait lorsqu'il nous lut le texte écrit par son père. On sortit les mouchoirs des poches, essuyant le trop-plein d'émotion qui débordait. La veuve éplorée se mit à sangloter doucement. Moi-même, je parvins difficilement à contenir ma peine.

En fixant la femme de mon ami, je fus soudain happé par un souvenir; je l'avait déjà vue se tamponner les yeux avec son mouchoir. Exactement de la même façon: lors de leur mariage. Nous avions préparé mille anecdotes et histoires drôles. Toute la salle, surtout Marco et son épouse, riaient aux larmes.

Patrick, qui n'avait pas encore été ordiné, s'en était donné à cœur joie pour relater nos folles péripéties, nos bêtises éhontées, notamment les circonstances qui ont amenés à surnommer notre ami "Marco la frousse". En guise de conclusion, Patrick avait affirmé (témoins à l'appui) que depuis cette retentissante aventure, Marco ne s'était plus jamais séparé de sa veilleuse — et ce, jusqu'à la fin de sa vie au pensionnat — tellement il avait peur du noir ; son épouse avait ajouté que c'était toujours le cas aujourd'hui, plongeant la salle dans un brouhaha de rires tonitruants.

Je rappelais à ma mémoire, tandis qu'autour de moi on entonnait un cantique depuis longtemps oublié, cette histoire si ancienne et pourtant si vive dans mon esprit, qui nous avait conduits, mes amis et moi, dans les sombres couloirs du pensionnat, après le couvre-feu. Nous longions les murs lambrissés recouverts de tableaux religieux, de portraits d'aïeux ou d'huiles aux thèmes pastoraux. Parvenus dans le grand hall d'entrée, nous ouvrîmes la petite porte sous l'escalier et nous engouffrâmes dans l'étroit passage qui menait aux catacombes.

Patrick en tête avec une lampe torche, nous nous collions les uns aux autres en frissonnant. L'oreille aux aguets, nous étions déjà morts de peur à l'idée de ce que nous allions découvrir. Patrick avait un don inné pour raconter les histoires ; à plus forte raison quand il s'agissait de nous effrayer.

Quelques heures plus tôt, assis dans nos lits, il nous avait conté la terrifiante destinée de l'abbé "Sargache" — enterré sous nos pieds, d'après ses dires — qui avait été excommunié lorsque l'Eglise avait découvert ses multiples aventures et des malversations en tous genres. Il s'était donné la mort en se jetant du haut du clocher voisin. On avait enterré son corps au plus profond des catacombes, refermant l'entrée de la sépulture d'une lourde pierre, sans aucune inscription, afin que personne ne se souvînt de lui. Patrick affirmait que l'âme du suicidé, qui ne connaîtrait jamais le repos, errait en suppliant qu'on lui accorde le pardon pour ses fautes.

Glacés d'effroi après ce que nous venions d'entendre, nous nous laissâmes tirer de la chaleur réconfortante de nos lits par un Patrick galvanisé par une nouvelle idée: trouver la tombe de l'abbé. Nous débouchâmes, transis de peur et de froid, dans une petite salle au plafond plus haut que le boyau que nous avions emprunté pour y parvenir. Deux passages se perdaient dans les ténèbres. Patrick scinda le groupe en deux, prit le commandement du premier et envoya le second, dont je faisais partie avec Marco, explorer l'autre passage.

Nous avancions en silence, comme des animaux traqués, notre cœur battant de plus en plus fort. Un pied qui heurtait un petit caillou, l'un d'entre nous qui trébuchait, un écho qui se répercutait à travers la galerie, faisait sursauter toute la bande.

6

Cependant, aucun n'émis la possibilité de faire demi-tour, par crainte de passer pour un pleutre. Nous débouchâmes une fois encore sur une anfractuosité aux dimensions plus appréciables et nous pûmes nous redresser tout à fait.

Une ouverture dans le sol, située à environ cinq mètres au-dessus de nos têtes, amenait une lumière substantielle, grâce à la lune. Marco, qui tenait dans sa main la deuxième lampe torche, s'approcha d'un nouveau passage, creusé à même la roche, et s'apprêtait à l'explorer lui aussi, alors que nous gardions tous les yeux levés sur ce trou, nous demandant où il pouvait bien mener : nous n'avions jamais vu pareille grille sur le sol.

Des voix, déformées par la distance qui nous séparait, se répercutèrent sur les parois de pierre et nous firent sursauter. Marco lâcha sa lampe et tous les visages se tournèrent vers le passage obscur. C'était Patrick qui nous appelait.

Nous rebroussions chemin quand un cri effroyable à glacer le sang nous figea sur place. Nous vîmes Marco, comme possédé, traversant la salle en courant, le visage horrifié, et s'engouffrer dans le passage la tête la première, sans aucune lumière.

Saisis par la panique, nous le suivîmes en courant à notre tour, nous cognant au plafond, aux parois, trébuchant les uns sur les autres, et arrivâmes essoufflés, échevelés, livides, dans la salle où Patrick nous attendait, hilare d'être parvenu à nous effrayer.

Le pauvre Marco, à dater de cette nuit et pendant des mois, fit des cauchemars qui le sortaient du sommeil en hurlant. Jamais il ne parvint à nous expliquer avec exactitude ce qui l'avait tant effrayé. Nous discernâmes seulement, dans un borborygme de paroles hachées par l'effroi et les efforts qu'il faisait pour se souvenir : "immonde créature", "Au moins deux mètres de haut", "elle allait me dévorer".

Nous finîmes par plaisanter de cette mésaventure, l'appelant affectueusement "Marco la frousse" et il se joignait à nos rires, mais ils sonnaient faux. Il était toujours crispé lorsque quelqu'un abordait le sujet.

Tous se levèrent et je regardais passer dans l'allée, juste à côté de moi, les hommes qui portaient le cercueil. Je retrouvai parmi eux, quelques visages connus. La famille passa ensuite à ma hauteur, puis ce fut le tour des premiers bancs, jusqu'au mien.

Je sortis dans la brume matinale, me mêlant au cortège funèbre qui se dirigeait lentement vers le cimetière...

EPILOGUE

Nous vîmes Marco, comme possédé, traversant la salle en courant, le visage horrifié, et s'engouffrer dans le passage la tête la première, sans aucune lumière. Ses hurlements et toute cette agitation avaient effrayé la petite araignée qui s'était glissée devant la lampe torche lorsque celle-ci était tombée à terre. La pauvre arthropode avait regagné dare-dare sa cachette, derrière deux grosses pierres.

Un instant qui chamboule tout...

Une caresse qui balaie toutes les autres et qui laisse, en disparaissant, des cratères béants de points d'interrogation.

Une certitude tenace qui refuse de lâcher prise :
et si elle ne revivait plus jamais ça ?

LE CATALYSEUR

Catalyseur : n. m. «[...] ce qui déclenche une réaction par sa seule présence.»
Le Robert Méthodique

Un large sourire illuminait son visage tandis qu'elle descendait la rue piétonne. Il régnait dans la ville une fébrilité teintée de gaieté générale, inhérente aux vendredis soir qui précèdent les vacances de Noël. La neige se faisait timide cette année, mais le froid térébrant était bien présent!

Trop occupée à repasser mentalement son programme pour les réjouissances à venir, excitée comme une gosse à l'idée des festivités, elle ne remarqua pas tous les regards d'hommes intéressés qui convergeaient à hauteur de sa poitrine.

Elle traversa la rue en trombe, comme à son habitude, faisant claquer les fins talons de ses bottines. Plusieurs coups de klaxon auxquels elle ne porta aucune attention saluèrent son passage.

Elle aimait marcher vite, le regard perdu au loin; sentir le souffle glacial du vent caresser ses cheveux tandis qu'elle filait d'un pas vif à travers les rues. Elle se délectait de ce plaisir simple, qui consistait à s'extraire de l'agitation urbaine en pensée, tout en arpentant l'asphalte.

Par pudeur et surtout par timidité, elle n'osait pas regarder les gens qu'elle croisait; ce qui lui avait valu des commentaires mi indignés mi stupéfaits de la part de ses amis : «tu es passée sans me voir!»

Ce soir, ce n'était pas la crainte de croiser un regard inquisiteur qui la retranchait dans ses songes. Sa menue menotte serrée sur un sac tout enrubanné qui battait à hauteur de ses mollets, elle trépignait d'impatience à l'idée de retrouver un ami. Il l'avait secourue quand elle n'était plus que l'hémistiche d'une femme. Il avait remis de la couleur sur son visage livide. Il avait transformé le masque tragique en allégorie de la joie. C'était un artiste. Un sculpteur.

Elle composa le code et le portail s'ouvrit. Son atelier était un immense loft sur trois étages. Une ancienne serrurerie qu'il avait rénovée lentement et patiemment. Chaque détail avait été longuement réfléchi, mûrement pensé et on devinait la sensibilité d'un grand artiste se cacher derrière cette création subtile.

C'était son quartier général, son logis, son lieu de création et d'exposition. Il l'avait façonné lui-même, année après année, et le résultat était spectaculaire. Elle fut accueillie par les notes hypnotiques d'un morceau de Miles Davis. Elle comprit tout de suite qu'il se trouvait dans son atelier. En "habituée de la maison", elle gravit les marches métalliques à pas feutrés. Elle aimait le surprendre dans son travail.

Il n'y avait aucune porte dans toute la bâtisse. Facétie de créateur ou volonté artistique ? (ce qui revenait au même). Les différentes zones étaient séparées par des vitrages teintés, des verres sablés, des parois mobiles ou tout simplement de lourdes tentures.

Les espaces ainsi conçus étaient sans cesse métamorphosés. De plus, les éclairages modulables dont on pouvait changer la couleur à volonté accentuaient cette sensation d'ambivalence. À chaque fois qu'elle revenait, elle était séduite par cet homme caméléon qui cherchait toujours à innover, à créer.

Précautionneusement, sa main souleva un bord du lourd rideau ocre qui obstruait l'entrée. Elle savait que cela signifiait qu'il ne voulait pas être dérangé, mais elle brava l'interdit car elle connaissait ses habitudes : il emmenait toujours ses "mannequins conquêtes" dans sa chambre à coucher avant de les sculpter.

Une délicatesse qu'il se vantait d'exprimer en ces termes : «je ne mélange jamais travail et tentation»...

C'était un amoureux des femmes, un épicurien plein de charme et de malice. Mais il était aussi son ami et confident. Elle s'était ouverte à lui de ses meurtrissures. Il l'avait écoutée, consolée, conseillée.

Elle se souvenait d'un soir où elle était arrivée dépitée, fâchée, perdue. Il avait ranimé sa bonne humeur enfouie sous un tas de cendres, l'avait laissé se "vider" de ce qui la tourmentait; en parfait consolateur, il trouvait toujours les mots justes: ceux qu'elle avait besoin d'entendre... Ceux qui chassaient définitivement les volutes noires qui stagnaient dans ses pensées.

Ce soir-là, juché sur son fauteuil Marie Tudor en cuir rouge, il portait nonchalamment un gros cigare à ses lèvres et fronçait les sourcils en cherchant ses mots, ce qui lui donnait un air très comique.

Quand il faisait ça, elle le savait, c'est qu'il allait sortir une énorme bêtise. Il tourna la tête et plongea son regard dans le sien, grave, pénétrant. «Difficile de se départir de l'attirance qu'on éprouve pour une personne... Mais j'ai un truc infaillible!»

Il fronçait les sourcils comme Columbo lorsqu'il élucidait un meurtre. Il laissait planer un lourd silence pour ménager son effet avant de parler :

«Ferme les yeux. Respire à fond.»

Elle s'exécuta, bien que le fou rire la guettât.

«Concentre-toi sur lui. Visualise-le. Il est assis, pantalon et caleçon sur les chevilles»

Elle fronça les sourcils : «où est-ce qu'il voulait en venir?»

«Reste concentrée!» articula-t-il dans un nuage de fumée. La voix se fit plus grave: «son visage est crispé en une grimace douloureuse... Il est sur les chiottes!»

«Alors, toujours aussi séduisant le gars?» Il paraissait très satisfait de sa théorie.

«C'est vrai que ça a été efficace!» Se disait-elle avec un sourire espiègle en scrutant l'atelier. Elle devina le sculpteur plus qu'elle ne le vit puisqu'il était en grande partie dissimulé par une grosse colonne qui soutenait une mezzanine.
De sa cachette, elle pouvait épier l'artiste en pleine création. Elle était fascinée par l'habileté de ses mains qui donnaient vie à la glaise. Un tas de terre inexpressif se muait en courbes voluptueuses sous ses doigts. Il avait insufflé à chacune de ses créations une vie qui lui était propre.

Son regard balaya l'espace éclairé par une grande baie vitrée aux carreaux opaques. Une plantureuse créature était allongée sur une estrade recouverte de draps blancs. Elle exhibait sa poitrine rebondie, cambrant les hanches en une posture sans équivoque. Ses yeux de braise ne quittaient pas le sculpteur.

Il faisait très chaud dans la pièce: son modèle devait être frileuse. Les derniers accords de Miles retentirent et, comme si c'était le signal qu'il attendait, l'homme se leva et jeta d'un grand geste, une étoffe sur son travail. La Vénus qui lui tenait lieu de modèle passa un peignoir et disparu dans les escaliers qui menaient aux combles.

D'un geste vif et inattendu — car elle ne l'avait pas vu approcher — le sculpteur tira le rideau à la volée, révélant l'importune curieuse qui se dissimulait.

Ils furent tous deux surpris. Elle, parce qu'elle venait de réaliser qu'elle le voyait torse nu pour la première fois. Et cette sensation la troubla. Elle s'apprêtait à l'interroger sur le tatouage qui ornait son pectoral quand il la devança :

«C'est mon cadeau de Noël?» ses yeux s'assombrirent et sa bouche s'étira en un sourire taquin. Elle lui rendit son sourire et lui tendit le petit sac enrubanné qu'elle tenait toujours dans sa main. Il le saisit et la remercia avant de se détourner.

«En fait, lâcha-t-il par-dessus son épaule, je parlais de ton décolleté!»

Elle baissa la tête et — malédiction! — remarqua avec horreur que son chemisier avait perdu un bouton... À un endroit comment dire... stratégique! Elle songea à son soutien-gorge en dentelle bien en évidence au regard de tous ceux qu'elle avait croisés...

Dans sa hâte de quitter son travail, elle n'avait même pas

boutonné son manteau!

Elle se sentit submergée de honte et cacha son visage dans ses mains. Le sculpteur revint vers elle avec une chemise qu'il lui tendit. Elle le remercia d'un air penaud.

«Ne fais pas cette tête, petite gaffeuse!» lui dit-il, hilare. «Au pire, tu as été à l'origine de quelques embouteillages!»

Elle rit de bon cœur avec lui et le précéda dans l'escalier qui menait à son appartement.

En fin de soirée, après avoir partagé un copieux repas, à l'heure où elle s'apprêtait à prendre congé, son hôte, gagné d'une soudaine fébrilité, l'invita à le suivre au sous-sol.

Elle n'y était jamais allée et ne pensait pas un seul instant qu'il put y avoir quelque chose, dissimulé au-delà des couloirs obscurs.
Il s'arrêta brusquement devant une porte métallique.

«La seule porte de la maison» songea-t-elle, et elle sentit sa curiosité s'accroître. Elle leva les yeux vers le sculpteur, qui lui souriait.

Ses prunelles étincelaient d'excitation contenue. Il tira une clef de sa poche, la fit jouer dans la serrure et s'effaça pour la laisser entrer. Il faisait si noir à l'intérieur, qu'elle ne distingua aucune forme.

Elle l'interrogea du regard ; il pressa un bouton et des néons ultraviolets s'allumèrent. Sur le sol, on devinait maintenant des pas qui invitaient à une promenade très particulière.

« Tu es la première personne à qui je montre ça ! » Il referma la porte pour noyer la lumière du couloir. Maintenant elle ne voyait de lui que la chemise, les dents et le blanc des yeux.

Il devait voir la même chose chez elle car ils éclatèrent tous deux de rire. Il chercha sa main et l'emmena à la suite des pas luminescents sur le sol.

Il l'arrêta devant ce qui devait être un piédestal. La saisissant par les épaules, il la fit pivoter pour qu'elle soit dos à lui et nez à nez avec ce qu'il voulait lui faire découvrir.

Lentement, il dégagea la chevelure qui tombait sur son épaule et murmura à son oreille : « voici la première statue de mon exposition tactile. » Associant la parole au geste, il saisit ses deux mains et les plaça sur ce qui devait être un buste de femme.

« Difficile de se méprendre » songea-t-elle en découvrant sous ses doigts les deux proéminences emblématiques.

«Cette expo va beaucoup plaire à ces messieurs!» Pouffa-t-elle.

«Les femmes ne seront pas laissées pour compte!» lui susurra-t-il à l'oreille. Elle devina de l'amusement dans le ton de sa voix. Il l'attira plus loin, tout en lui expliquant les différentes techniques qu'il avait utilisées pour chaque statue.

Certaines étaient lisses, d'autres finitions un peu plus brutes. Certains matériaux étaient froids, d'autres s'acclimataient à la température ambiante.

«...Et pour les réalisations masculines, j'ai utilisé plusieurs fois le moulage, avec un matériau à la finition parfaitement lisse, auquel j'ai soustrait un procédé qui permet de le conserver à 35°C, pour créer l'illusion de toucher un organisme vivant.»

Il captura ses mains et les posa sur la statue. L'effet était saisissant. Elle sursauta et parcourut — émerveillée de ce qu'elle découvrait sous ses doigts — le moulage d'un homme couché.

«Ça te plaît?» murmura le sculpteur.
«Quel beau corps de mâle...» dit-elle en souriant. «Qui est-ce? Je l'ai déjà rencontré?»

«C'est moi!» lâcha-t-il tout contre son oreille et il déposa un baiser tendre dans le creux de son cou.

Elle sentit ses jambes se liquéfier. Dans sa tête, résonnait un tonitruant «Alerte! Alerte!! Mayday! Les femmes et les enfants d'abord!»

Mais en surface, elle était totalement impassible, tétanisée. C'étaient trop de sensations nouvelles pour qu'elle puisse toutes les analyser.

A cette instant, elle n'avait plus conscience que de ses mains sur sa peau, de son souffle contre sa nuque et de son corps, dont elle percevait l'authentique chaleur. Elle se sentait incroyablement bien; délicieusement oppressée.

Elle se retourna lentement pour lui faire face. Il l'enlaça d'un geste tendre et protecteur et elle s'inonda de son parfum. Blottie contre son torse, elle était un peu effrayée de la tournure surprenante de cette soirée à priori si banale.

Elle s'était toujours sentie sécurisée par la nature de leur relation, sans jamais avoir envisagé une telle possibilité. Si elle s'était posé la question, elle aurait trouvé l'idée incongrue.

Mais maintenant, elle était bien forcée de s'avouer qu'elle n'était pas? Plus? Indifférente à son charme. Bercée par les battements de son cœur, elle s'abandonna à la magie de l'instant. Elle exhala dans un souffle, les yeux toujours clos:

«J'ai envie que tu me sculptes!»

Elle le sentit sursauter. Il ne répondit pas mais se libéra de son étreinte comme si son contact le brûlait.

Elle entendit ses pas décroître dans le noir, vit la porte s'ouvrir et lorsqu'elle claqua derrière lui, elle comprit que quelque chose s'était brisé.

Une sueur moite assombrit ses paupières, brouillant à sa vue les pas luminescents sur le sol : elle eut peur de ne plus retrouver son chemin dans les ténèbres. Finalement, elle trouva la poignée à tâtons.

D'un geste vif, elle l'ouvrit en grand et s'engouffra dans les escaliers qui menaient à la sortie. Un gros sanglot dans la gorge, elle contempla une dernière fois ces lieux où elle s'était sentie si bien avant de disparaître dans le froid glacial de cette nuit hivernale.

En se refermant, la porte claqua si fort qu'elle fit trembler tout le bâtiment. Le bruit sourd résonna à travers les longs couloirs jusque dans la chambre du sculpteur, où il s'était réfugié.

En l'entendant, il se dit qu'il allait la condamner. La seule porte de la bâtisse.

Il changea le code du portail de l'entrée.

De son côté, elle n'osa plus aller vers lui. Elle avait peur de l'avoir blessé sans le savoir.

Peur de le blesser à nouveau si elle cherchait à éclaircir les choses.

Il avait redonné à ce corps inerte et abandonné un souffle vital. Elle avait senti sa peau frissonner mais le froid n'y était pour rien.

Il avait enflammé ses sens et fait rosir ses joues. Il avait parcouru son corps de la même façon qu'il donnait vie à ses statues : avec tendresse, avec douceur, avec un infini respect.

Le catalyseur était un artiste. Un sculpteur.

« La danse est le plus sublime, le plus émouvant, le plus beau de tous les arts, parce qu'elle n'est pas une simple traduction ou abstraction de la vie; c'est la vie elle-même. »

Havelock Harris

L'INCONSCIENT COLLECTIF

Les lumières s'estompèrent et le bruit des voix alla décrescendo.

Dans l'obscurité, la jeune femme s'avança sur le plancher froid de la grande scène. Menue et tremblante comme la dernière feuille accrochée à une branche d'automne. Elle fit une prière muette du bout des lèvres.

En cet instant, elle revivait le trac de ses premières représentations, avec le même pincement au creux de l'estomac, la même angoisse sourde qui oppressait sa poitrine.

L'expérience lui avait appris à maîtriser toutes les formes de stress, l'avait endurcie; mais, toujours, juste avant la représentation, comme une ombre qui la suivait, elle sentait le voile perfide de la peur ébranler son assurance.

Elle savait que dès que le rideau serait levé, les lumières s'allumeraient et elle ne verrait plus rien d'autre que la scène où elle évoluerait.

Tout le reste serait dans l'ombre.

Elle égrena dans son esprit les dernières secondes avant l'éblouissement salvateur, en percevant d'une oreille distraite le bruissement de la foule cachée derrière le lourd rideau de velours rouge. Elle en éprouva une impatience qui lui tordit les boyaux.

C'est cet instant qu'elle préférait, tapie dans le noir, tout son corps à l'affût du signal annonçant le début de la représentation, sa peau parcourue de frissons d'excitation.

L'orchestre fit retentir ses cuivres et libéra tel un vol d'oiseaux, un son harmonieux qui se répercuta dans tout l'espace du monumental opéra.

L'assemblée se pétrifia. Les respirations se suspendirent, bloquées dans les gorges sèches : le rideau s'éleva au-dessus des têtes, comme emporté par un souffle magique.

La ballerine se tenait bien droite, en première position : les jambes jointes, genoux vers l'extérieur et tendus, les talons collés l'un à l'autre, ses bras gracieux formant un cercle parfait, immobiles devant elle.

Elle paraissait fixer un point très lointain, bien au-delà du public médusé. Son apparition sur scène était stupéfiante. Elle ressemblait à un ange, toute de blanc vêtu. Son tutu rebrodé de fils d'or était orné de voilettes diaphanes.

Le front ceint d'un diadème ailé, son menton levé, le regard plongé dans l'abîme du public aphone, elle arborait avec nonchalance la grâce d'une déesse mythologique.

Elle plongea dans l'univers enchanteur que le décor scénique s'offrait à recréer. Une grande inspiration gonfla sa poitrine palpitante : le trac la quitta aussitôt. Elle oublia tout ce qui l'entourait et s'abandonna tout entière à la joie de l'instant.

D'un geste aérien, elle se dressa sans peine sur ses pointes, ses bras l'accompagnant dans sa périlleuse ascension, sa jambe basculant lentement à hauteur de ses hanches, son bassin se cambrant ostensiblement, elle maintînt la pause en une arabesque parfaite, sous les yeux ébahis des spectateurs déjà conquis.

Avec une maîtrise et une grâce infinies, la danseuse, d'un ample mouvement du bras, balaya l'espace et d'une vivacité insoupçonnée, tourna sur elle-même en repliant à chaque fois sa jambe vers elle, avant de la relancer loin devant.

Elle virevolta avec une parfaite maîtrise de son corps dans l'espace, et traversa ainsi toute la longueur de la scène, ses mouvements accompagnant la musique. Sur son visage aux traits purs et délicats, on devinait une joie immense, un éblouissement qui sublimait tout son être.

Elle évoluait devant l'assemblée qui suivait chacun de ses gestes avec une attention qui confinait à l'adoration. Elle enchaînait avec une grâce et une aisance désarmantes, une chorégraphie complexe et extraordinairement acrobatique, comme s'il était naturel de maintenir son corps en une telle posture, avec ses pointes qui lui meurtrissaient les chairs.

Elle était touchante, troublante même, dans sa façon de se livrer, car c'était une partie d'elle-même qu'elle divulguait, et c'était en cela qu'elle était belle, qu'elle rayonnait.

On la devinait fragile derrière ses gestes graciles ; tendre et douce comme les plumes qui ornaient sa coiffure élaborée.

On voulait croire au bonheur que son sourire reflétait, on voulait s'imprégner de cette perfection qui émanait de chacune de ses figures.

Dans la presse, on l'avait admirée, portée aux nues, on avait loué son talent, on avait immortalisé son art, fait de sa vie un conte de fées, romançant chacune de ses histoires amoureuses, attribuant à chacune de ses réussites un caractère extraordinaire.

Puis un jour, c'est le scandale qui éclata. La jeune prodige fut descendue en flèche par tous ceux qui hier, l'adulaient. De vérité dans une version des faits, il n'y en avait pas plus dans un journal que dans l'autre, chacun allant de sa petite histoire.

Mais peu importait dans l'esprit de ses admirateurs, si oui ou non elle s'était rendue fautive de toutes les horreurs dont on l'accusait, car désormais, sa culpabilité était un fait établi, elle faisait partie de l'inconscient collectif.

Les médias avaient ruiné sa carrière, son image et la mince estime qu'elle pouvait encore avoir d'elle-même.

On l'avait publiquement fustigée, traînée dans la boue, sans aucune pitié. Même sa famille n'avait pas été épargnée. La grâce était accordée aux mortels: sa célébrité l'avait, contre sa volonté, érigée à une place qui ne permettait aucun écart, aucune faiblesse.

Elle avait failli. Mais personne ne le lui pardonnerait.
Puis, les plûmes des scribouillards s'asséchèrent d'un sujet mille fois rebattu — un sujet aux détails croustillants, aussi divers que contradictoires — car si l'imagination fourbe d'un charlatan n'a aucune limite, le lecteur, lui, se lasse. Les cancans s'effacèrent dans les mémoires.

On bouda ses représentations. Question d'éthique. Elle sombra dans l'oubli. Une étoile absorbée par un trou noir.

Mais c'était compter sans les ressources diaboliques de l'auteur d'une "feuille de choux", qui trouva un subterfuge au destin tragique de cette "star" arrachée de son ciel et piétinée par l'opinion publique.

Tout à coup, on se souvint d'elle.

«D'abominable», «d'atroce», «d'indigne» «d'immorale», on la mua en victime. On la prit en pitié. On lui pardonna. On la supplia de revenir sur scène.

Elle reprit le chemin de l'opéra, toujours aussi splendide, toujours aussi talentueuse. Elle retrouva ses privilèges d'autrefois, on lui consacra à nouveau une quantité incroyable d'articles dithyrambiques vantant son talent, sa beauté, sa grâce et toutes sortes de qualité qu'elle n'était pas sûre de posséder.

Mais lorsqu'elle monta sur les planches, elle su que quelque chose en elle s'était brisé. La symbiose avec son public n'existait plus. Elle en prit douloureusement conscience et sa déception fut plus grande encore que celle qui l'avait frappée auparavant.

La confiance était brisée et rien ne pourrait la reconstituer. Les spectateurs, retrouvant avec délice leur danseuse tant admirée, étaient à nouveau séduits, mais la ballerine, elle, ne savait plus, comme autrefois, s'abandonner à son art. On avait dévoilé son intimité, bafoué sa vie privée, sali son image, on s'était moqué d'elle : comment pourrait-elle encore se produire devant eux ?

Elle le fit pourtant. La mort dans l'âme d'avoir perdu le bonheur de danser avec le respect de ceux qui l'applaudissaient.

Considération futile d'une star que le succès a rendue vaniteuse? Après tout, quelle importance pouvait bien avoir l'avis de gens qu'elle ne connaissait pas?

Ils étaient tous de parfaits inconnus, qui jugeaient sans savoir, parce qu'ils pensaient pouvoir se fier à ce que véhiculaient quelques fallacieux et mesquins personnages, qui avaient décidé de faire carrière dans le journalisme à scandales.

Ce qui avait forgé son désir d'embrasser cette carrière difficile et fastidieuse, c'était l'amour de la danse en tout premier lieu, mais aussi et surtout l'admiration qu'avait toujours suscitée sur scène une danseuse étoile.

Jamais elle ne connut de bonheur aussi grand que celui ressenti juste à la fin de ses prestations, quand le silence retombait et que les premiers applaudissements explosaient. Puis, c'étaient des salves interminables et ininterrompues d'applaudissements qui retentissaient et elle sentait son cœur se gonfler de fierté et de reconnaissance.

En vérité, si personne n'était présent pour l'applaudir, elle se sentait inutile, insignifiante et abandonnée.

Si on l'acclamait à nouveau aujourd'hui, elle ne pouvait se départir de cette sensation infâme d'hypocrisie de la part des spectateurs qui venaient la voir.

Avant, quand on l'humiliait, qu'on condamnait ses actes sans savoir... elle se disait qu'elle ne méritait pas un châtiment aussi cruel.

Aujourd'hui, elle se disait que ces gens ne méritaient plus qu'elle leur consacre son temps et son énergie.

Elle voulait à nouveau être oubliée. Mais pour de bon cette fois.

La ballerine désabusée rêvait de fuir cette immense salle d'opéra aux lustres de cristal, ces sièges bordeaux aux assises rembourrées, ce public infidèle et ô combien hypocrite... pour se reconvertir dans un tout autre registre ; une danse latine. Elle se voyait déjà, arborant une longue jupe à volants aux couleurs aussi vives que son tutu était blanc immaculé.

Elle voulait se déhancher sur des rythmes endiablés, le corps comme possédé, s'accrochant aux bras musculeux d'un bel hidalgo, reproduisant impétueusement les positions lascives d'une chorégraphie aussi sensuelle et voluptueuse que la danse de ballet semblait innocente et pure.

Ses chaussures noires à talons hauts claqueraient sur le parquet ciré, suivraient le rythme de clave lancinant, typique de la musique afro-cubaine, tandis qu'emportée dans un tourbillon de dentelles, elle dévoilerait très impudiquement ses longues jambes fines.

Les spectateurs l'encourageraient en battant des mains et elle n'aurait plus peur de regarder chacun dans les yeux, car elle ne redouterait plus d'être jugée, d'être elle-même et de laisser son corps s'exprimer à sa place, puisque c'est ce qu'elle faisait de mieux.

Ses cheveux épars autour de son visage, son regard sauvage balayant l'assemblée, elle exprimerait pour elle seule — avec la passion vengeresse de toutes ces années à jouer «le fabuleux pantin» d'opéra — sa liberté retrouvée...

L'orchestre ralentit la cadence "allegro", pour la muer en "largo", jusqu'à n'être plus qu'un doux murmure, annonciateur de la fin du ballet. Les instruments à cordes demeurèrent bientôt les seuls à accompagner la danseuse, toujours dressée sur ses pointes.

Une note mélancolique apporta à ces derniers instants une sensation étrange; les spectateurs étaient habitués à un spectaculaire final, avec effets de lumière, roulements de tambours et virevoltes ahurissantes... alors que la ballerine, sous l'égide d'un unique projecteur aveuglant, livrait presque en tremblant, les dernières notes de sa chorégraphie enchanteresse.

Elle souleva son bras vers le ciel de velours, puis laissa retomber lentement sa main devant ses yeux clos ; accompagnant son geste d'adieu, les lumières se tamisèrent, comme pour saluer la disparition du soleil.

La frêle silhouette, éclairée maintenant d'une pâle lueur qui imitait celle de la lune, se laissa doucement glisser sur le parquet froid, ses jambes disjointes en un vertigineux grand écart.

Son visage s'inclina sur son buste, comme le cygne qui, se recroquevillant pour la nuit, cache sa tête dans ses plumes.

La lumière disparut tout à fait et le silence, étourdissant, se prolongea...

- « C'est comme un suppositoire...

- Hein ?

- Un moment difficile à passer... »

LE SUPPOSITOIRE

La lueur du jour inondait timidement la ville encore endormie. Un oiseau dodu planait sur les toits, narguant la brise matinale, à la recherche d'un perchoir où lisser ses plumes ébouriffées. Il se posa avec adresse sur le rebord d'une fenêtre ouverte et risqua un regard à l'intérieur.

Les rideaux, bercés par le vent, dévoilaient par intermittences le plus beau des spectacles que sa courte vie de pigeon lui ait permis d'admirer : un couple, enlacé, sommeillait paisiblement.

Leurs corps abandonnés, unis dans une même chaleur, sous la fine couverture blanche, rappela à l'oiseau la douceur du nid familial, qu'il avait quitté depuis plusieurs printemps, dans un grand battement d'ailes frénétique. La nostalgie lui arracha de longs roucoulements sonores.

Le bruit intempestif éveilla les deux tourtereaux qui émergèrent lentement de leurs rêves. Avec une infinie tendresse, ils s'étreignirent, ouvrirent les yeux et se sourirent, complices.

Le volatile, soupirant d'aise devant cette émouvante scène, se remit à roucouler de plus belle.

Un étrange projectile frappa avec violence le chambranle de la fenêtre, coupant court à l'inopportun "concerto". Épouvanté, le pigeon s'enfuit à tire d'aile dans un bruissement de plumes froissées.

«Vingt centimètres et tu balançais le coussin par la fenêtre» lâcha une voix ensommeillée. La jeune femme s'étirait paresseusement en coulant sur son compagnon un regard amusé. Ce dernier, assis, l'air hagard, la couverture rabattue sur ses hanches, un pied posé sur le sol, prêt à bondir vers la fenêtre qu'il fixait d'un air rageur, se laissa retomber mollement sur le matelas lorsqu'il comprit que le carillonneur avait déguerpi.

En s'étirant à son tour, les yeux clos comme pour retrouver fugitivement la délectation du rêve dans lequel il était plongé, son bras s'étendit instinctivement à la recherche d'un contact plus doux encore... mais ses doigts ne palpèrent qu'une étoffe froissée et déjà tiède.

Étonné, il se releva et d'un geste vif du bras, happa ce corps qu'il voulait encore serrer contre le sien.

Kidnappée par surprise, emprisonnée dans les bras de son amant, la jeune femme fit mine de se débattre, mais renonça, tout au plaisir de se lover encore rien qu'un instant dans la chaleur rassurante et familière.

Une longue inspiration souleva le torse de son compagnon, qui murmura dans un soupir: «c'est si bon de roucouler tous les deux!»

L'allusion au petit visiteur à plumes et à sa "tragique" défenestration suscita un rire de connivence.

Le réveil matin — le vrai! — fit retentir un son strident qui se répercuta dans toute la pièce. Résignés à l'obéissance de cette péremptoire invitation au lever, ils échangèrent un dernier baiser avant de quitter leur douillet cocon.

Tandis qu'ils s'activaient dans l'appartement, chacun de son côté à ses occupations coutumières, le soleil fit son apparition, donnant à cette journée radieuse un authentique air de gaieté.

Ils dévalèrent comme à leur habitude les escaliers de pierre du vieil immeuble, arrêtant net leur course effrénée sous la marquise d'entrée.

«On mange ensemble ce midi?» interrogea l'homme en déposant un baiser tendre sur les lèvres colorées de son amie, qui parut hésiter avant de répondre:
«Non, pas aujourd'hui... je mange avec ma collègue» acheva-t-elle précipitamment en lui décochant un sourire énigmatique.
«À ce soir! Bel oiseau rare!» elle l'agrippa par sa cravate pour l'obliger à s'incliner et lui rendit son baiser avant de tourner les talons.

Un instant, le «bel oiseau» en question demeura immobile, perplexe, songeur... Quelque chose le troublait dans la réponse qu'elle lui avait faite: il était sûr qu'elle avait menti!

Il l'avait lu dans ses yeux, dans le petit éclat brillant de son iris, sur sa lèvre inférieure qui tremblait légèrement lorsqu'elle acheva sa phrase hachée, comme s'il lui avait été difficile "d'accoucher" ces simples mots, de les extirper de sa bouche : «non, pas aujourd'hui... je mange avec ma collègue» Il se remémora le sourire qui avait illuminé son visage juste après... ce sourire-là, il le connaissait bien, pour l'avoir souvent provoqué !

«Non...» pensa-t-il soudain horrifié, ses doigts se crispant sur la poignée de sa mallette, les yeux exorbités. «Elle me trompe!»

Il voulut balayer cette idée insoutenable, mais il ne parvenait pas à la trouver suffisamment grotesque pour la bannir tout à fait. Déconfit, il traîna ses pieds jusqu'à son bureau en ressassant dans son esprit tourmenté la déduction qu'il s'était faite.

Toute la matinée, il demeura incapable de se concentrer plus de cinq minutes d'affilée. À l'heure de la pause, vers dix heures, il avait envisagé mille scénarios, mais s'était convaincu d'une seule chose : elle ne mangerait pas avec sa collègue à midi !

Torturé par le désir de confirmer cet odieux soupçon, il décrocha le téléphone et composa un numéro. Deux sonneries. À la troisième, une voix chaleureuse lui répondit, le reconnaissant aussitôt :

- «Salut! Comment vas-tu? Et comment va ma charmante sœur?

- Tout va très bien...» lâcha son interlocuteur, sarcastique. «J'ai besoin que tu me rendes un service, sans poser de questions. Tu crois que tu pourrais?»

Il y eut une hésitation, puis il lui répondit, craintif soudain : «Ok, mais tu es sûr qu'il n'y a pas de problèmes?» À l'autre bout de la ligne, l'homme se sentit soudain un peu idiot, mais il voulait en avoir le cœur net. Il continuerait à se fier à son instinct car il ne l'avait jamais trahi... lui!

«Voici ce que j'aimerais que tu fasses...»

Le soleil achevait sa course, l'air était très doux... l'homme était toujours aussi tourmenté en quittant son travail et ne leva même pas les yeux pour admirer le flamboyant horizon qui s'étirait devant lui. Marchant vite, perdu dans ses pensées, il gagna son lieu de rendez-vous, s'assit à une table et commanda un café.

Il n'attendit pas longtemps: une légère tape sur l'épaule le fit sursauter.

- «Désolé de te surprendre» fit le nouvel arrivant. «Tu avais l'air perdu au fond de ta tasse.

- Tu ne crois pas si bien dire...» dit-il en lui lançant un regard interrogateur et discernant dans l'expression de son visage une vague de tristesse qui paraissait confirmer ce qu'il redoutait tant.

- «Je suis allé voir "sœurette" au bureau à midi. Tu avais raison : elle n'est pas allée manger avec sa collègue. Elle était très en retard, alors elle m'a demandé de la déposer...

- «Où ça, où est-ce que tu l'as déposée ?» Sa question avait jailli de sa bouche comme un prédateur lancé à la poursuite de sa proie. Il se domina et la reformula plus calmement.

- «Dans le centre. Je n'ai pas osé la questionner, mais je lui ai demandé si tout allait bien. Elle a rétorqué, en souriant, que je n'avais pas à m'inquiéter. Mais quand je lui ai dit :

- «et avec ton amoureux ?

- Tout ira bien !

- Comment ça ?

- C'est comme un suppositoire...

- Hein ???

- Un moment difficile à passer...»

- «Et là-dessus, elle est partie en courant...»

Il y eut un silence embarrassé entre les deux hommes. Puis, les yeux toujours rivés au fond de sa tasse, il lança à brûle pourpoint :

- «Tu crois qu'elle a un amant ?»

L'interpellé ouvrit de grands yeux ronds.

- «Ma sœur ? J'peux pas y croire !» il réfléchit en instant, puis :

- «J'avais plutôt envisagé qu'elle nous cachait une maladie ; je l'ai trouvée pâlotte aujourd'hui...

- Pardon pour ce que j'ai dit. Je ne sais plus quoi penser.

- Je comprends ton trouble. Je pense que certaines femmes peuvent jouer la comédie, entourlouper leur compagnon, un peu comme... un oiseau qui sautille de branche en branche pour attirer toujours plus haut le matou qui le poursuit de ses assiduités. Et une fois au sommet, l'oiseau s'envole et le chat reste comme un con perché sur la plus haute branche et il ne sait même pas comment redescendre!

Ma sœur n'est pas comme ça! Tu le sais! Elle n'est pas cet oiseau-là! Si je peux me permettre un conseil: parle avec elle!»

Le soir venu, il gravit les marches comme un condamné, se traînant littéralement dans la cage d'escalier, une main agrippée à la balustrade, il cherchait désespérément tout en avançant, un moyen d'échapper à cette confrontation imminente. Atteignant le dernier pallier, il s'arrêta un court instant, fixant la porte derrière laquelle elle se trouvait. La perspective d'un rendez-vous avec elle ne l'avait jamais pétrifié auparavant, même au début de leur relation où il ne la connaissait pas encore et appréhendait les premiers contacts tout en étant impatient comme un gosse.

C'était une peur "naturelle" qui leur avait permis de prendre leur temps pour s'apprivoiser, s'habituer à la présence l'un de l'autre. Une peur pleine de surprises et de découvertes, où ils prirent conscience de qui était l'autre et de ce désir croissant de demeurer constamment ensemble.

Mais la peur panique qu'il ressentait aujourd'hui, cette douleur lancinante qui lui meurtrissait la poitrine, l'empêchant de respirer, ce pli soucieux qui barrait son front, ces lèvres charnues dont les commissures s'affaissaient... tout cela traduisait l'angoisse de la perdre. Avoir pris conscience de ce qui le torturait depuis le matin l'aida à achever son ascension.

Ce matin, elle était encore à lui ! Il ne ferait pas l'erreur de sous-estimer les sentiments qu'il avait pour elle ; il ne condamnerait pas une discussion à cœur ouvert au détriment d'un ego qui refusait l'échec et n'accepterait pas la trahison. Cette femme n'était pas une inconnue barbare avec un arsenal, prête à cogner. Elle était tout le contraire.

Il avait envie de lui octroyer le bénéfice du doute, de lui faire confiance. Sa main se posa sur la poignée et, chassant ses démons, entra énergiquement dans le vestibule. «Bonsoir!» lança-t-il presque joyeusement en se déchaussant. Un fumet délicat monta à ses narines. De toute évidence, elle s'activait en cuisine pour leur mitonner un appétissant repas. «Quelque chose à se faire pardonner?» songea-t-il. Mais il se morigéna de sa mauvaise foi ; ne pas lui montrer qu'il était perturbé.

Il longea le couloir qui menait à la salle à manger et, s'appuyant au dormant de la porte, s'immobilisa pour l'épier à son insu. Elle touillait délicatement le contenu de deux casseroles posées sur la cuisinière. La minuterie du four suspendit son geste. Elle tourna deux boutons, ouvrit la porte et ôta des apéritifs dorés et fumants, posa la plaque et retira ses gants.

Il la regardait comme s'il la voyait pour la première fois et se dit qu'il se sentait toujours terriblement séduit. Tout ce que sa présence suscitait en lui, soulignait l'importance de ce qu'elle représentait. Se sentant observée, son amie tourna la tête et le vit, nonchalamment adossé dans l'embrasure de la porte, les mains dans les poches de son pantalon, un sourire indéchiffrable sur les lèvres.

Retirant son tablier, elle se dirigea en arborant un air délibérément enjôleur vers celui qu'elle attendait. Moulée dans une simple robe de satin noire, elle possédait cette beauté discrète et naturelle qui le charmait. Elle alluma quelques bougies sur la table dressée avec soin, éteignit les lampes murales et se saisit de la télécommande sans le quitter des yeux. Le virevoltant «Think» de Aretha Franklin fut supplanté à l'avantage de l'ensorcelant «Georgia on my mind» de Ray Charles.

«Tu as tout prévu, on dirait?» lui dit-il, amusé. S'avançant vers elle à son tour, il la prit dans ses bras et ils échangèrent un long baiser en se laissant porter par la musique sensuelle, la voix rauque et troublante... Elle noua ses doigts derrière sa nuque pour prolonger leur étreinte et il la sentit vraiment différente dans sa façon d'être à lui.

Cette tension qui ne cessait de grimper en restant dans le doute était insupportable. Il devait absolument apprendre la vérité ou il commencerait à éprouver du ressentiment et de la haine envers elle. Il décida d'attaquer sur-le-champ. La repoussant avec douceur, il s'avança dans la cuisine en desserrant le nœud de sa cravate. Ouvrant le réfrigérateur, il s'empara d'une bière, la décapsula et en but une longue gorgée avant de poser la question qui lui brûlait les lèvres :

-« Où avez-vous mangé à midi ?
- Pardon ? Ah... » elle parut hésiter. Il retint son souffle, le visage dissimulé dans l'ombre. « Je n'ai pas mangé avec ma collègue » acheva-t-elle. Il releva la tête et la dévisagea : son expression était parfaitement détendue. Il s'était attendu à de la nervosité, de la crainte peut-être ; il continua sa progression en quête de la vérité.
- « Ah oui ? Mais pourquoi tu ne m'as pas appelé ? » dit-il innocemment en absorbant une nouvelle gorgée. Cette fois, il avait visé juste. Elle baissa légèrement la tête, son regard sembla fouiller une réponse adéquate dans les veines du parquet.

Loin de se délecter de l'effet de sa question, il s'en trouva malheureux car il devinait son déchirement. Elle releva lentement les yeux vers lui, essayant de capter son regard et rétorqua, le plus naturellement du monde :

- «j'ai avalé un panini à la hâte, parce que j'ai eu très peu de temps.
- Beaucoup de travail?
- Comme d'habitude. Et toi? Dure journée? Tu parais fatigué...»
«Elle élude», se dit-il. «Elle cherche à détourner mon attention» et sa mâchoire se crispa. Déposant sa bière sur le bar, il traversa la salle à manger et se laissa choir dans un fauteuil rebondi. Inspirant profondément, il passa ses mains sur son visage, puis se massa les tempes, les yeux clos.

- «Est-ce que ça va? Tu as mal à la tête?» Elle se tenait devant lui, l'air étonnée et sincèrement inquiète de son état de santé. Il lui sourit pour la rassurer.
- «Ça va, merci. Il y a juste quelque chose qui me préoccupe.
- Ça se voit. Est-ce que je peux...» il ne la laissa pas achever sa phrase. Sans transition, il enchaîna en découpant soigneusement chaque syllabe, comme pour en faciliter l'assimilation:
- «Est-ce que tu as un amant?»

La question la prit totalement au dépourvu. Ses yeux s'agrandirent de surprise. Un instant, elle fut complètement décontenancée. Puis ses traits se détendirent et elle s'approcha de lui en une démarche qui se voulait provocante.
- «Oui, j'ai un amant...» susurra-t-elle en se baissant pour cueillir un baiser. Mais, lui saisissant le poignet, il fronça les sourcils, la regardant sévèrement et articula distinctement, tout près de son visage:

- «Je ne plaisante pas!»

Elle se redressa et eût quelques pas de recul, tant elle était hébétée par le ton froid, les yeux durs. Cela ne lui ressemblait pas du tout de se mettre dans un état pareil. Elle ne le comprenait pas.

Il l'observait attentivement, détaillant chacune de ses expressions. La détresse qui passa dans ses yeux ne lui échappa pas. Il était temps de tout dévoiler, il ne supporterait pas un mensonge éhonté.

- «J'ai vu ton frère ce soir. Il s'inquiète pour ta santé...» sa gorge se serra, il déglutit avec peine et acheva: «moi aussi, j'ai peur...» son visage se radoucit, il la regardait maintenant presque implorant, comme un enfant quémandant une permission.

Apaisée, elle lui sourit pour dissiper cette tension absurde. Elle l'enveloppa d'un regard tendre et il vit se dessiner sur ses lèvres un léger sourire. Il les fixait, ces lèvres aimées, attendant qu'elles répondent aux interrogations qui le tourmentaient. Mais aucun mot, aucun son ne s'en échappa.

Elle s'assit sur ses genoux, l'entourant avec douceur de ses bras, et, caressant une joue glabre, déposa un baiser sur sa tempe, son front, comme on console un enfant qui a fait un cauchemar.

Elle saisit sa main, la porta à ses lèvres, en baisa chaque doigt et... plongeant ses yeux dans les siens, la posa sur son ventre...

- « Vous n'avez pas de bagages ?

- Je n'en ai pas besoin »

LA FILLE D'ATTENTE

A la mémoire de ma grand-mère

Les nouveaux clients affluaient sans discontinuer. Le petit café-restaurant du village était bondé. Cathy, ma patronne, avait pourtant déclaré, avec un clin d'œil complice: «Chaque fois qu'il y a une nouvelle serveuse, tous les jeunes de la région viennent faire un tour». Mais j'avais porté une oreille un peu distraite à cette remarque, trop occupée à faire "cracher" deux cafés convenables à la machine.

Je mesurais seulement maintenant, en relevant la tête et jetant un regard circulaire dans la salle, l'ampleur de la vérité: «c'est incroyable!» me dis-je en saisissant un calepin et un stylo. «Il doit y avoir 150 habitants à l'année dans ce patelin; à croire que tous les jeunes sont attablés dans ce café!»

Toute la soirée, je me démenai comme une forcenée pour satisfaire les clients et montrer à tous (en particulier à moi-même) que j'étais capable d'accomplir parfaitement ma tâche... enfin presque!

À part un habitué sur qui j'ai renversé un "galopin grenadine" et qui portait (heureusement) des shorts comme ceux de Daisy dans "shérif fais-moi peur" — ce qui signifie que j'ai été exonérée de facture de teinturier — je pense avoir été à la hauteur.

En épongeant le sol avec ma serpillière, je me faisais la réflexion «la bière, ça rend le cheveu brillant. Qu'en est-il pour la pilosité?» et je songeai à ce que m'avaient dit maman et grand-maman, quand elles m'avaient accompagnées, le premier jour: «tu feras attention de ne rien casser et de ne rien renverser».

Comme elles me connaissaient bien! Il faut dire qu'à une époque, je mangeais avec des couverts en plastique, car il ne se passait pas un seul repas sans que je casse quelque chose. En essorant mon chiffon, je constatai que, décidément, je n'avais pas changé.

Au final, j'ai pu réparer ma maladresse sans heurts... la pauvre victime en a gardé néanmoins des séquelles: depuis, il a toujours un mouvement de recul, quand je dépose sa bière sur la table.

On n'imagine pas les kilomètres que parcourt une serveuse durant son travail. Au moment de fermer la porte à clef pour procéder au nettoyage, j'eus une irrépressible envie de m'asseoir et de ne plus bouger jusqu'au lendemain.

Je me secouai néanmoins, car il était déjà minuit et que je serais mille fois mieux dans mon lit. Pour me donner du courage, j'allumai la stéréo et choisis une musique aux accords entraînants. Je baissai le volume autant que possible pour ne pas réveiller ceux qui dormaient à l'étage. Je dansais en balayant, puisant une énergie dont je ne me croyais plus capable à cette heure.

La sonnerie du téléphone interrompit ma danse nocturne.

Cathy, qui s'activait dans sa cuisine, alla répondre. Elle sortit de la cabine et m'interpella dans la salle à manger. Je posai mon balai contre le mur en me disant que j'avais encore du boulot pour être à la hauteur des chorégraphies du film "fame" que je cherchais à imiter.

Ce n'est qu'en me saisissant du téléphone que je m'interrogeai sur l'identité de la personne qui pouvait m'appeler à cette heure si tardive. C'était mon père. Il avait une voix étrangement monocorde. Rien à voir avec le ton chaleureux habituel. La conversation fut très concise. Je replaçai le combiné sur son support et retournai à mon travail comme une automate.

Un peu hébétée, je repris mon balai, repassant mentalement les informations, pour m'en imprégner et mesurer la signification et les répercussions qu'elles comportaient. Au téléphone, on m'avait dit «qu'il était probable qu'elle s'en aille», «qu'on en saurait plus bientôt».

Plus tard, en rentrant à la pension à pied, le regard perdu dans la contemplation du ciel étoilé, j'échafaudais mille idées, mille résolutions pour la fin de l'été, quand je rentrerais à la maison. Je me promis de porter moi-même les lourds bacs de fleurs sur son balcon, lorsqu'il serait temps de les ranger à la cave pour l'hiver.

A Noël, on lui avait offert des raquettes pour qu'elle puisse aller sur les pistes voir ses petites-filles disputer une compétition de ski; je me promis d'y aller avec elle, puisque n'osant pas y aller seule, elle avait laissé son cadeau tout neuf dans son étui.

Je me dis que j'avais très envie de revivre encore une de ces soirées où j'allais dormir chez elle. Je lui piquerais une de ses belles nuisettes et je me coucherais avec mon duvet sur le canapé devant la télévision.

Elle serait assise juste à côté de moi, dans le fauteuil, et elle tricoterait en rajustant parfois ses lunettes qu'elle portait seulement pour la lecture et les travaux à l'aiguille.

On regarderait un de ces vieux films avec Jean Marais ou — notre préféré — Yul Brynner et on mangerait des biscuits qu'elle aurait confectionnés, rangées religieusement dans une grande boîte métallique.

Je me promis d'être plus présente, quitte à être carrément envahissante et, forte de ces résolutions, j'allai me coucher.

Je dormis très mal cependant. Je me disais que grand-maman ne pouvait pas partir comme ça, sans même me dire au revoir; mais, à chaque fois que mon oreille percevait un grincement, je m'éveillais, persuadée qu'on venait m'annoncer son départ.

Au petit matin, nauséeuse, je me lavai et m'habillai sans bruit, comme pour mieux guetter les sons qui provenaient de l'escalier. Alors que je m'apprêtais à me laver les dents, trois coups résonnèrent dans la chambre.

Nul besoin d'aller ouvrir. J'avais compris. Je me dirigeai néanmoins vers la porte, pour assouvir mon besoin d'en avoir le cœur net...

... un peu comme Saint-Thomas et son scepticisme...
L'aéroport était bondé en ce début de juin. On aurait dit une grande fourmilière. Des gens se pressaient vers des kiosques, pour acheter une carte postale, du chocolat, un couteau rouge à croix blanche, un t-shirt avec "I love Switzerland".

Une femme de soixante ans était assise dans la salle d'attente. Le dos bien droit, les mains jouant distraitement avec la sangle du sac à main qui était posé sur ses genoux, elle contemplait d'un air songeur, par la grande baie vitrée, les gens qui embarquaient dans un Boeing.

Bientôt, ce serait son tour.

D'un geste machinal, elle tapota son chignon pour s'assurer que les sixtus tenaient et que le savant bombé qu'elle s'appliquait à faire avec un petit peigne avait toujours fière allure. Cette coiffure lui allait si bien! Elle me faisait penser à celle qu'arborait Romy Schneider dans "Sissi".

Absorbée par ses pensées, elle ne put remarquer la frêle silhouette tout auréolée de blanc qui approchait de son siège d'un pas aérien. Quand elle fut à sa hauteur, elle lui demanda, poliment, si elle pouvait s'asseoir.

«Je vous en prie» lui répondit-elle avec un sourire. Quelques secondes, elle fut éblouie par la blancheur de son habit.

«Ce doit être le reflet de la vitre» se dit-elle en tournant la tête, face à la lumière qui filtrait par les ouvertures plein est.

Elle ouvrit son sac et en sortit un paquet de bonbons à l'eucalyptus. Ouvrant le couvercle, elle constata qu'il ne restait en tout et pour tout que deux pastilles vertes, saupoudrées de cristaux sucrés. Elle referma la boîte et résolus de les garder pour plus tard. Qui sait combien de temps elle devrait rester là?

«Vous partez en voyage?» interrogea la voix douce assise à côté d'elle.

L'interpellée tourna la tête pour lui répondre et, à nouveau, fut troublée par la lumière étourdissante qui émanait de sa voisine. Elle cligna des yeux et répondit :
- «Oui, je pars.

- Vous n'avez pas de bagages?» s'enquit la jeune fille.

- «Je n'en ai pas besoin»

Elles se sourirent, comme si une compréhension mutuelle au-delà des mots venait de passer entre elles. Sur leurs visages transfigurés, on pouvait lire l'éclat de la plénitude...

Ce rayonnement que les peintres classiques s'échinaient à retranscrire par une lumière débordant du personnage et qui emplissait l'espace, démystifiant les ténèbres...

... un peu comme une sainte béatifiée...

La petite "Austin mini" fonçait à une vitesse folle sur l'autoroute, zigzaguant, dépassant toutes les voitures, par la gauche aussi bien que par la droite. Ma conduite n'était pas seulement imprudente... Elle était inconsciente et dangereuse pour l'ensemble des automobilistes; mon esprit était ailleurs. Il était aux côtés d'une sexagénaire assise dans un hall d'aéroport et qui attendait patiemment son heure.

Je bouillonnais de ne pas pouvoir me tenir à côté d'elle en cet instant. Pied au plancher, je pestais contre le temps qui passait trop vite, je pestais contre la pauvre voiture que je malmenais, car, de toutes mes forces, je voulais me battre contre la fatalité d'un départ imminent.

Lorsque j'avais appelé Christophe pour qu'il me prête sa voiture, j'avais été horrifiée à la vision de son... "tas de boue". C'était vraiment l'expression qui convenait le mieux. On aurait dit qu'il venait de faire un rallye dans un terrain vague et sous une pluie torrentielle. Sans élucubrations, je m'emparai de sa clef, sautai dans l'habitacle et démarrai en trombe. Après quelques kilomètres, j'eus froid et voulus fermer la fenêtre du toit : impossible ! Elle était bloquée. Je conduisis sous la pluie, priant pour que l'averse passe au plus vite.

Mes yeux perdus dans le vague bien au-delà de la route qui s'étendait à l'infini, se fixèrent soudain sur un panneau : «sortie aéroport 1000 m.» J'allumais mon sinophile droit et engageai la "mini" dans la longue file de voitures qui s'apprêtait à quitter l'autoroute.

Mes mains martelèrent nerveusement le volant tandis que je découvrais avec horreur la longueur de la file d'attente. «Bon sang, Christophe!» m'exclamais-je en serrant les poings. «Pourquoi tu piques pas des gyrophares au lieu d'embarquer des panneaux de circulation? Je pourrais en plaquer un sur le toit et emprunter la bande d'arrêt d'urgence...»

C'est ce que je fis; sans les gyrophares, c'était moins drôle mais pas le temps de me poser davantage de questions. Je me faufilai in extremis, me collant à la dernière voiture franchissant la hauteur d'un feu qui venait de virer au rouge. Je repris petit à petit mon rythme effréné, mais plus prudemment cette fois: ce n'était pas le moment de se faire arrêter par les flics, si près du but!

Curieusement, à l'approche de l'aéroport, la circulation se fluidifia et je pus couvrir à une vitesse surprenante les derniers kilomètres qui me séparaient de mon but. Je parquai la voiture, fumante d'avoir tant speedé, sur la première place libre que je vis et éteignis le contact. J'appuyai sur la poignée de toutes mes forces pour m'extraire de l'habitacle mais elle était coincée! La panique monta très vite tant je me sentais proche du dénouement... Je me mis à cogner avec mon épaule pour faire céder la porte.
Rien n'y fit.

Un rayon de soleil frappa de plein fouet le pare-brise boueux. Surprise, je levai la tête et je la vis: l'ouverture dans le toit m'apparut comme un ange venu du ciel: mon passeport de sortie pour quitter cette immonde caisse branlante et pourrie (pardon Christophe).

A la force de mes bras, je me hissai sur le toit pour m'extraire de la "poubelle à roues". Dehors, le ciel se dégageait. Je goûtai comme un prisonnier qui a purgé sa peine à la douceur du soleil sur mon visage et cela me rasséréna. J'arriverais à temps, je le sentais! Elle était encore là! J'en avais la certitude!

Je sautai souplement sur le sol et me mis à courir éperdument vers les portes d'entrée, mes cheveux mouillés par la pluie et très ébouriffés, mes vêtements maculés de boue mais je n'avais même pas conscience de mes pas sur le sol.

Je franchis les panneaux coulissants automatiques et me ruai sur les escalators. Une fois au sommet, je repris ma course éperdue, le cœur battant, en regardant de tous côtés. Je savais qu'elle était tout près. Je le sentais. Mais comment la trouver au milieu de tous ces gens ?

Les pas de course ralentirent et se muèrent en pas rapides : toujours rien. Mon regard allait partout et ne fixait personne en même temps ; pas de chignon, pas d'ensemble chemisier jupe, pas de visage familier et bienveillant qui s'illuminerait en voyant le mien...

Un vent de panique me prit soudain à la gorge : tous mes espoirs, une illusion factice ? Elle était déjà partie ? J'avais si bien réussi à me persuader du contraire que cette situation me semblait être un mauvais rêve.

Il fallait que je me calme ; je me sentais étourdie par tant d'émotions ; la déception, la tristesse, le chagrin me saisirent.

Je me dirigeai vers un siège, en face de la piste de décollage illuminée de soleil.

Je m'assis et respirai longuement, pour faire le tri. Quelque chose m'échappait; ça n'était pas comme ça que ça devait se passer ! Elle ne pouvait pas être déjà partie! Sans me dire au revoir!

En étendant mon bras pour le faire reposer sur l'accotoir et être plus confortablement installée, j'avisai, sur le siège juste à côté du mien, posé sur le placet immaculé, un paquet de bonbons à l'eucalyptus.

«Elle adore ces bonbons» me dis-je en me saisissant du paquet pour le regarder de plus près. J'en étais encore à me demander s'il était possible que ce soit le sien, et s'il l'était... où elle se trouvait en ce moment... quand une voix douce interrompit mes élucubrations:

«Vous êtes Daphné, n'est-ce pas?»

Je levai la tête et découvris une jeune femme qui me souriait. On aurait dit un ange, avec ses grands yeux clairs, sa robe légère en taffetas blanc et son expression divinement sereine et angélique. Je me levai lentement et les mots jaillirent sans que je pu réfléchir à leur sens:

«Où est-elle? Il faut que je lui dise...

- Elle le sait, Daphné.»

Les yeux ronds, je la fixais attendant la suite, mais elle demeurait immobile et me souriait en silence. Je m'apprêtais à formuler une deuxième question quand elle me devança en disant de sa voix si douce:

«Cessez de la chercher, de courir partout pour la retrouver... elle ne vous a jamais quittée... et vous le savez!»

«Elle a raison...» me dis-je en baissant benoîtement la tête. A nouveau, mes yeux se fixèrent sur le petit paquet cartonné. En le soupesant, je constatai qu'il n'était pas vide. Je l'ouvris, le renversai en répandant son contenu dans ma paume. Deux petits bonbons verts, couverts de sucre roulèrent dans le creux de ma main. Je les regardai, comme hypnotisée.

Je songeai à certains récits qu'on m'avait fait de ces gens qui, dans une illusoire tentative de conserver la présence d'un être, portaient ses vêtements, son parfum ou se rendaient en des lieux qu'affectionnait cette personne.

En contemplant mes petits bonbons verts, je me dis: «peu importe le moyen de me souvenir de toi, grand-maman, tu resteras toujours présente. Avec ou sans bonbons.»

Comme je les sentais se ramollir et devenir collants dans ma main, je les happai avec mes lèvres et suçotais ce qui restait de sucre avec le bout de ma langue avant de croquer dans la pâte caoutchouteuse (même si ça colle aux dents) et de les mâcher tels des chewing-gums.

J'approchai ma main et soufflai, comme on fait de la buée sur une vitre. En respirant mon haleine mentholée, je me dis que cette odeur serait à jamais l'instigatrice de mon paradis à moi...

... un peu comme Saint Pierre avec ses clefs...

JE SUIS UNE FEE

Le vent est fort ce matin.

Il s'engouffre dans les larges ruelles encore sombres et pourtant déjà animées, transperce comme une lame glacée les épais manteaux, charrie inlassablement tout ce qui jonche le sol, se glisse dans les chevelures et défait les mèches emprisonnées…

Elle enjambe d'un pas souple une flaque d'eau boueuse, vestige de l'orage nocturne.

Elle n'a conscience que de son corps qui lutte pour avancer face au vent qui se déchaîne, de ses pas sur le sol humide qui se rapprochent inexorablement du grand portillon d'entrée, où se pressent des dizaines de personnes impatientes d'échapper à la tourmente.

Le bruissement mécanique et familier de la porte qui s'ouvre… puis se referme.

Une fois franchi le sas, le silence est presque déstabilisant. Presque : l'odeur familière du produit nettoyant monte à ses narines, l'habituelle résonance des pas rapides sur le sol marbré, qui se dirigent vers les ascenseurs, l'agitation dans le grand hall, les bruits, les odeurs, les visages inconnus mais toujours présents… son élément, son bureau, son quotidien…

On se bouscule pour passer, on se serre, on se laisse porter par la masse dense. Les portes se referment et c'est un autre silence, *pesant*. Le bourdonnement reprend, on sort, on respire à nouveau plus librement ; l'effervescence est semblable à celle du rez-de-chaussée. On gagne sa place, on échange quelques « bonjour ! » avant de se mettre au travail.

Sa main encore engourdie par le froid appuie sur la poignée, referme la porte derrière elle. A nouveau, le silence… seule dans son bureau…

Machinalement, elle accomplit les mêmes gestes, avec le même rythme, exactement… avec la même précision, la même détermination…

Elle s'agite sur son siège, parle vite au téléphone, pianote sur son clavier, les yeux rivés sur une interminable liste qui défile derrière un écran, joue nerveusement avec son stylo, accepte distraitement le café qu'on lui apporte, répond aux questions de ses subalternes, coordonne leur travail, assiste aux séances générales, assume sa fonction décisionnelle, supporte les charges qui lui sont attribuées…

supporte…

supporte…

les charges…

les charges…

« Lisa, ma chérie, depuis combien de temps n'as-tu pas fait l'amour ? » La voix de sa mère. Elle a le don de poser les mauvaises questions au mauvais moment… En gros, de viser juste.

Sur le coup, elle n'avait pas pu lui répondre.

Depuis, elle y songe parfois avec ironie, se faisant la réflexion très circonspecte que tous les hommes qu'elle a rencontrés lui font beaucoup penser à *Peter-Pan*.

Combien de fois a-t-elle retourné ces idées grotesques dans sa tête, pour l'aider à faire l'autopsie de ses relations passées, comprendre son vide affectif, ses blessures émotionnelles ?

Du haut de son perchoir, elle s'extrait du mouvement perpétuel pour mieux observer son monde, y apposer un regard neuf, se dissimulant derrière les vitrages espion :
voir sans être vue.
Juger sans être jugée.

Elle veut se préserver, mais elle s'enterre…

Parfois, elle se surprend à rêver d'un homme qui aie renoncé aux collants verts, troqué le vol libre en vol biplaces, mis au placard l'hypothétique fée clochette d'un soir pour se contenter d'une femme à sa taille, à la mesure de ses aspirations…

Ceux qu'elle aimerait connaître sont accrocs à leurs collants verts.

C'est tellement plus facile de se voiler la face à deux : réunies, deux solitudes n'en font qu'une demie… mais alors, pourquoi ce vide ?

Elle se détourne et balaie du regard les bureaux désertés, s'imprègne avec délice du calme retrouvé.

Ici, pas de tempête, pas de foule empressée, pas de vacarme incessant…

Elle se laisse glisser sur le canapé, retire ses chaussures, défait quelques boutons de sa chemise…

D'habitude, quand je fixe une femme dans le bus ou le métro, elle le remarque toujours. Inconsciemment, elle tourne la tête dans ma direction, devinant mon regard inquisiteur. Sans même s'en apercevoir, on ressent, d'une façon ou d'une autre, un regard posé sur soi…

A demi étendue sur un large canapé, sa jupe remontée dévoilant ses jambes fuselées, la tête renversée sur l'accoudoir, elle se délecte en *gémissant* d'une friandise démoniaque…

Peut-être est-elle trop absorbée… Non… Personne ne gémit comme ça en mangeant du chocolat ! Elle a parfaitement deviné ma présence, elle aime se sentir observée à son insu… elle s'en amuse… ça l'excite !!!!

Elle lèche goulûment le dos d'une cuillère et salive en fixant cette même cuillère plonger dans une mousse au chocolat onctueuse… la porte à ses lèvres, laisse glisser cet assemblage parfait dans sa bouche impatiente… prolonge le plaisir jusqu'à la dernière once…

Elle adopte des positions lascives, masse doucement ses épaules, pour inviter à la caresse… C'est un jeu pour elle : chercher à me provoquer… mais je ne cèderai pas : je suis bien trop curieux de voir jusqu'où elle peut aller pour me séduire…

Le plaisir en soi n'est qu'une illusion qui brouille ses sens, enflamme son corps, abuse son esprit et, si elle n'y prend pas garde, la rend dépendante.

Profiter de chaque jour et faire siennes les joies du quotidien, comme cet instant, simple, parfait, à déguster du chocolat seule dans son bureau… à laisser son corps parler pour elle… sans tabou, sans inhibition…

Et si je m'approchais en silence, comme une ombre, comme un rêve… je me demande si elle feindrait la surprise ou, au contraire, m'accueillerais comme quelqu'un qu'on attend…

D'inhibition, elle n'en a jamais eu avec ses Peter-Pan… peut-être parce que n'être qu'une *fée*, savoir qu'elle restera toute petite, font qu'elle n'a pas peur de se dévoiler : elle n'a rien à perdre !

Je ne sais pas quoi faire pour entrer dans son jeu. Dois-je me manifester ou attendre qu'elle aille plus loin… ?

Clochette. Sa fée aux mille visages, aux multiples prénoms… Pour lui, elle restera *Clochette*, la toute petite femme qui ne prend que très peu de place, le temps d'une aventure…

Maintenant elle se caresse le ventre sous son chemisier… Elle veut me rendre fou…

Elle veut me montrer à quel point elle est désirable, accessible, m'entraîner avec elle dans son fantasme érotique…

J'ai très envie de la toucher comme elle le fait... De la faire gémir plus fort encore...

Peter, mon ami tendre, volage, libre… mais pas trop…

Je m'approche...

Elle se redresse brutalement, me regarde, soudain embarrassée... Ses joues se teintent de rouge...

quelque chose traverse son regard...

un encouragement ?...

je m'approche encore...

« Lisa, ma chérie, depuis combien de temps n'as-tu pas fait l'amour ? »

Pas fait l'amour…

Fait l'amour…

L'amour ???

Non, maman. Je suis une *fée*, moi.

«...Chaque rencontre est une apparition dont nous ne saisissons l'importance que bien après coup.»

Jean-Pierre Guéno, «*Première fois*» aux Editions Librio

DERRIERE LE TUNNEL

La chaleur était étouffante, même en cette fin de journée. Le soleil avait assommé la ville de ses rayons, avait desséché les gorges et transformé les corps en une masse transpirante et flasque.

Sur les quais bondés, les gens s'entassaient, mornes et fatigués de sentir leurs vêtements coller à leur peau. Ils espéraient une brise qui ne viendrait pas, s'impatientaient d'un train qui tardait à faire son apparition.

Perdue dans ses pensées, son regard parcourait la grande halle, glissant sur les hauts poteaux d'acier riveté. La tête levée vers l'impressionnant ouvrage, elle avait une expression lointaine, indifférente, comme si la chaleur ne l'accablait pas ; au contraire, son visage dans sa douce rêverie, traduisait la paix et le détachement que seuls ont les enfants quand ils dorment. Un long sifflement aigu et métallique la fit sursauter : un train venait de s'arrêter juste devant elle.

Elle contempla un instant les passagers qui descendaient et semblaient surpris par l'étourdissante température avant de se diriger d'un pas pressé vers les rampes de sortie. Elle se baissa et ramassa son sac tandis qu'une voix nasillarde annonçait une entrée en gare. « C'est mon train » se dit-elle.

Elle pivota pour se placer bien en évidence sur le quai, afin d'être repérée plus facilement par celui qu'elle attendait. Tous ces gens qui se bousculaient l'énervaient. Elle plaqua son dos contre un poteau et s'abandonna à nouveau à sa rêverie pour échapper à ce vacarme incessant.

Le train qu'elle guettait fit son entrée sur l'autre voie. La locomotive ralentit dans un crissement aigu. Elle appliqua une main sur son oreille droite en grimaçant. Le bruit s'arrêta enfin. La moitié des gens agglutinés sur le quai se ruèrent vers les portes des wagons.

Pour éviter de se faire déporter par la masse dense, elle se baissa, hissa son sac sur son épaule et recula de quelques pas. Elle heurta dans le dos un homme qui lisait un journal, tirant sur une pipe aux effluves vanillées. S'excusant d'un sourire, elle se retourna et, prenant une grande inspiration, se figea. Son cœur s'arrêta un instant de cogner dans sa poitrine, puis il reprit à coups redoublés.

Un homme, zigzaguant pour éviter les personnes qui se pressaient vers le train qui venait de s'arrêter, la frôla en cherchant à éviter une collision avec une femme qui allait en sens inverse.

Elle perçut dans son sillage un parfum. Son souffle s'arrêta, comme bloqué dans sa gorge : elle se sentit bouleversée jusqu'au plus profond de son être

Tous les nerfs de sa peau se tendirent, elle se sentait étourdie, comme après une course effrénée, ses mains devinrent moites, sa bouche sèche et ses jambes la portèrent, sans qu'elle en eût conscience, dans les pas de cet inconnu.

Brusque et inattendu comme une page qui, subissant les caprices du vent, s'abat et révèle un nouveau chapitre, elle se mit à courir pour le suivre, bousculant des gens que l'attente avait rendus agressifs.

Elle voulait encore le respirer, elle ne pouvait pas se contenter de cette impression fugace.

Aucune autre odeur ne l'avait jamais transie à ce point, alors comment rester là, appuyée à ce poteau et faire comme si elle avait rêvé, comme si elle avait imaginé ou amplifié le trouble dans lequel elle se trouvait?

Il gravit les marches et entra dans un wagon de deuxième classe. Elle s'engouffra derrière lui, sans réfléchir à ce qu'elle était en train de faire, sans s'interroger sur la destination de son voyage improvisé, comme si cette odeur avait annihilé en elle toute capacité de raisonnement.

Le train se mit en mouvement. Pour aller où? Elle l'ignorait. Cette idée la fit sourire. «Je suis en train de devenir folle» se disait-elle, étouffant un fou rire. Elle s'imaginait déjà, vêtue d'une de ces jolies blouses blanches qui s'attachent dans le dos, enfermée dans une toute petite pièce aux murs capitonnés, une minuscule meurtrière obstruée de barreaux pour toute lumière.

Cette perspective la fit sourire, tant elle se trouvait idiote d'agir comme cela : par instinct, sans circonspection, sans réfléchir aux conséquences de ses actes. Elle ne songea même pas à cet homme qui devait l'attendre maintenant sur le quai. Il allait s'impatienter. S'inquiéter même...

Elle suivait toujours l'inconnu, avec ce sourire béat sur les lèvres de quelqu'un qui a retrouvé ce qu'il cherchait depuis des lustres. Avec cet air triomphant qu'arbore le compositeur qui a écrit l'accord parfait qui manquait à sa symphonie.

Ils traversèrent péniblement plusieurs compartiments bondés et à chaque fois, le jeune inconnu lui tenait la porte, sans la regarder, mais il avait ce geste à son égard, et cela la toucha.

Il s'assit finalement dans le dernier wagon, sur la seule banquette qui était restée libre ! Trop heureuse de cette aubaine, elle se laissa glisser très innocemment juste à côté de lui.

D'ordinaire, jamais elle n'aurait eu cette audace : "pister" un homme rencontré au hasard, le "traquer" jusque dans le train... S'asseoir juste à côté de lui ! A nouveau elle sourit à cette idée.

Cela lui était complètement égal de savoir ce qu'il pouvait penser de son attitude; maintenant qu'elle était près de lui! Ou plutôt, maintenant qu'elle pouvait respirer à volonté, cette odeur qui la transportait...

Il avait parfaitement remarqué qu'elle le suivait depuis tout à l'heure sur le quai. Interloqué, il l'observait à la dérobée, s'interrogeant sur ses intentions. Il s'attendait à ce qu'elle engage la conversation, ou du moins à ce qu'elle manifeste de l'intérêt pour lui.

Mais à chaque fois qu'il tournait la tête, il ne voyait que son profil paisible, la tête appuyée contre le dossier, les yeux clos. Elle semblait comme repue, rassasiée. Peut-être était-elle seulement fatiguée?

Mais il y avait ce sourire sur ses lèvres, qui ressemblait à s'y méprendre à un sourire de pur contentement; de ravissement même. Il n'osa pas l'aborder, et, pour tromper sa déception, se plongea dans la lecture d'un épais volume.

De son côté, la jeune fille ne dormait pas: comment aurait-elle pu? Elle se délectait de "son" parfum retrouvé — car maintenant, elle en était convaincue, elle avait déjà respiré cette odeur; un mélange de notes chaudes et épicées, accentuées par des notes boisées opulentes et de quelque chose qu'elle ne parvenait pas à identifier... Une odeur suave. Musquée. Virile.

Troublante...

Les yeux clos, elle s'astreignait à réfréner les battements de son cœur. Même si, dans son esprit, une petite voix lui reprochait d'avoir laissé à l'abandon l'homme qui l'attendait sur le quai, et d'avoir, par la même occasion, succombé à une impulsion typiquement adolescente ; quelque chose la confortait dans son choix : son corps ne saurait mentir ; elle avait eu raison de le suivre !

Son émoi le lui confirmait.

A chaque inspiration, des bribes de souvenirs surgissaient de sa mémoire. Avec une excitation noyée dans l'apparente sérénité de son visage, elle se remémorait des détails oubliés.

En quelques instants, elle se sentit transportée dans ce passé si peu lointain où elle respirait ce parfum avec délice...

Son sourire s'élargit encore : elle se souvenait avoir passé de bons moments en compagnie de cette odeur. Cette odeur sans visage.

En vain, elle essayait de retrouver ses traits, mais ne parvenait à reconstituer qu'une silhouette floue.

Fronçant les sourcils, déterminée à élucider ce mystère qui

l'avait tant secouée, elle prit une grande inspiration tout contre l'épaule de son voisin — profitant de ce que le wagon soit plongé dans le noir pendant qu'il traversait un tunnel — pour s'imprégner encore du parfum qui ravivait ses souvenirs.

Vive comme l'éclair, elle se redressa contre son siège avant que la lumière ne soit revenue dans le compartiment. Ce devait être une avarie dans le train qui le privait d'éclairage.

«Raté» songea-t-elle en se mordant la lèvre inférieure : l'homme avait remarqué son petit manège lorsqu'elle s'était penchée avant de se redresser brusquement. Il la regardait, incrédule.

Inquiète de l'avoir offusqué et de le contraindre à changer de place, soucieuse de conserver la "porte ouverte" sur ses souvenirs, elle s'immobilisa et se tint tranquille, attendant sa réaction.

A son grand soulagement, il inclina la tête vers sa lecture, impassible.

Le train ralentit progressivement. Il approchait d'une gare. Soudain, elle eut peur qu'il ne descende, qu'il ne l'abandonne à ses réflexions avant qu'elle n'ait ravivé à sa mémoire ce visage qui la hantait.

Mais il resta assis, absorbé dans sa lecture. Rassurée, elle se laissa aller contre son siège. Se plongea à nouveau dans ses rêveries.

Le souffle tranquille et régulier, elle laissait se succéder sans censure toutes les images qui défilaient dans son esprit.

A nouveau, le train traversa un tunnel, plongeant tout l'espace dans le noir.

En inspirant profondément, elle sentit monter en elle une envie irrépressible de lover son visage dans le creux de son cou, de glisser ses doigts dans l'épaisse chevelure ébène...

Elle en eu le souffle coupé. Ainsi, elle venait de ranimer un souvenir!

Toujours plongée dans le noir, son guide dans l'univers brumeux de ses souvenirs, elle recomposait un puzzle inanimé.

Derrière le tunnel, les derniers rayons du soleil se reflétèrent dans les vitres et, tournant la tête, elle vit que son voisin avait des cheveux épars et très courts; cela confirmait ses soupçons: elle venait bien de se rappeler un détail...

Sans crier gare, comme aspirée dans une spirale, elle fut une fois de plus plongée dans les ténèbres. Avec une extraordinaire précision, tout lui revint en mémoire!

Un prénom monta à ses lèvres. Son visage lui apparut plus net.

La lumière resurgit comme elle avait disparu, mais devant ses yeux, elle le voyait, LUI! L'illumination derrière le tunnel avait agi comme un révélateur : l'image était nette et détaillée ; le voile était levé. Les contrastes saisissants.

En s'appliquant à fixer mentalement ses traits, elle se remémorait avec douceur et nostalgie le miel de sa peau, la douceur de ses mains...

Dehors, la nuit tombait lentement, allongeant des ombres indistinctes sur le sol.

Les wagons bondés se vidaient peu à peu, au gré des nombreuses haltes. Elle n'y prenait pas garde. Tant de souvenirs troublants l'assaillaient, son attention était totalement accaparée par ses songes.

Un ralentissement caractéristique la sortit de sa torpeur : il y avait du mouvement à côté d'elle. Le jeune homme rangeait son livre dans son sac ; il allait descendre ! Il s'apprêtait à la quitter !

D'un mouvement vif, il se leva et contourna la jeune fille désappointée, avant de se diriger d'un pas rapide vers la porte.

Elle n'eût aucun mouvement pour le retenir. Qu'aurait-elle pu arguer?

«Pardon, Monsieur, pourriez-vous me donner votre t-shirt ou votre pull... Il sent si bon!...»

Plutôt que de céder au pathétique, elle préféra rester immobile et muette. Au moins était-elle parvenue à s'en souvenir et à revivre avec précision des instants oubliés...

Mais à quel prix?

Ses efforts pour retenir l'image choyée se révélèrent vains. Elle venait de le perdre une fois de plus. Il demeurait néanmoins dans sa mémoire, intact, le souvenir de sa gentillesse, de son humour... et de toute la tendresse qu'il lui inspirait.

Une larme fendit sa peau comme le scalpel d'un chirurgien. L'instant infime où la plaie béante hésite, juste avant que le sang n'affleure à la surface pour la faire rougeoyer... C'est dans cet instant qu'elle s'était perdue.

Cette odeur, elle l'avait cherchée sans le vouloir, elle l'avait trouvée sans le savoir et maintenant, elle regrettait sa présence.

Elle avait résolu d'oublier, de ranger tout cela dans une petite boîte au fond d'une armoire qu'elle pourrait rouvrir parfois...

Pourtant elle continuait de fixer à travers sa mélancolie, l'homme qui s'éloignait, emportant avec lui le parfum de celui qu'elle avait perdu.

Déterrer ces souvenirs enfouis l'avait éprouvée, mais elle se sentait heureuse de conserver ces moments avec lui, heureuse de les avoir rappelés à la lumière, car aujourd'hui ils ne la faisaient plus souffrir.

Le train reprit lentement sa fuite dans la nuit. Vers quelle destination? Elle l'ignorait.

Elle se laissait emporter, confiante et rassérénée, comme un navire qui vient d'essuyer une tempête et qui vogue, sereinement, vers d'autres horizons.

Les yeux clos dans une vaine tentative d'aspirer une dernière fois, de saisir rien qu'un instant fugace cette odeur qu'elle voulait garder près d'elle.

LE PORTE-MANTEAU

Je m'éveillai dans une chambre inconnue. Une longue seconde s'écoula avant que je réalise où j'étais : un ami avait eu la gentillesse de m'offrir le gîte pour la nuit.

Sur ce, le voilà qui émergea de la salle de bain, toiletté, récuré comme un sou neuf, un peignoir soigneusement ajusté, serré à la hanche, le sourire aux lèvres, l'air avenant de celui qui sait être agréable envers autrui si tôt ses ablutions achevées (sans même avoir avalé un café, c'est dire !)

Deux bayements et trois étirements plus tard, je me redressai et résolus, l'équilibre précaire, de me lever. La vision troublée par les brumes du sommeil que je venais de quitter, je me dirigeais doucement vers la porte encore béante d'où s'échappaient des effluves embuées de savon et d'eau de toilette, lorsqu'il m'apostropha, l'air de rien, pour m'informer qu'il allait sortir nous acheter de quoi manger.

La main sur la poignée, je pivotai sur moi-même pour lui faire face et acquiescer d'un hochement de tête à sa prévenante attention.

Ce que mes yeux accrochèrent soudain me laissa aussi pantoise et sceptique que si je m'étais soudain trouvée en face d'un boxeur poids lourd habillé d'un tutu blanc.

Si je ne m'étais pas maintes fois échauffé la mâchoire par mes bayements successifs, je suis sûre qu'elle serait tombée à mes pieds séance tenante.

« L'engin » s'échappait du peignoir sciemment ouvert et était dressé vers moi, comme pour me pointer du « doigt ». Dressé, dans toute sa splendeur et de toute son incroyable longueur, élancé comme un minaret, autoritaire et impérieux tel le muezzin appelant à la prière du matin…

Un instant, je fantasmai sur la possibilité *d'embrasser* une telle religion, *m'agenouiller* comme l'eût fait n'importe quel fidèle, me *perdre* dans la contemplation de la force divine, chercher *sans relâche* ma rédemption par mes actions enjouées et ciblées jusqu'à en recevoir la grâce infinie…

A peine ces chastes pensées eurent-elles effleuré mon esprit que je les trouvai incongrues et réalisai que cette invite n'en était pas une !
PIRE : cette suggestion déplacée était totalement inopportune et ne devait en aucun cas me détourner du droit chemin qui se trouvait être, en l'occurrence, la salle de bain.

Je m'y engageai donc d'un pas résolu, me détournant non sans regret de cette vision du paradis d'Eden, des tentations et des attraits diaboliques du grand noiraud équipé comme un porte manteau.

FIN